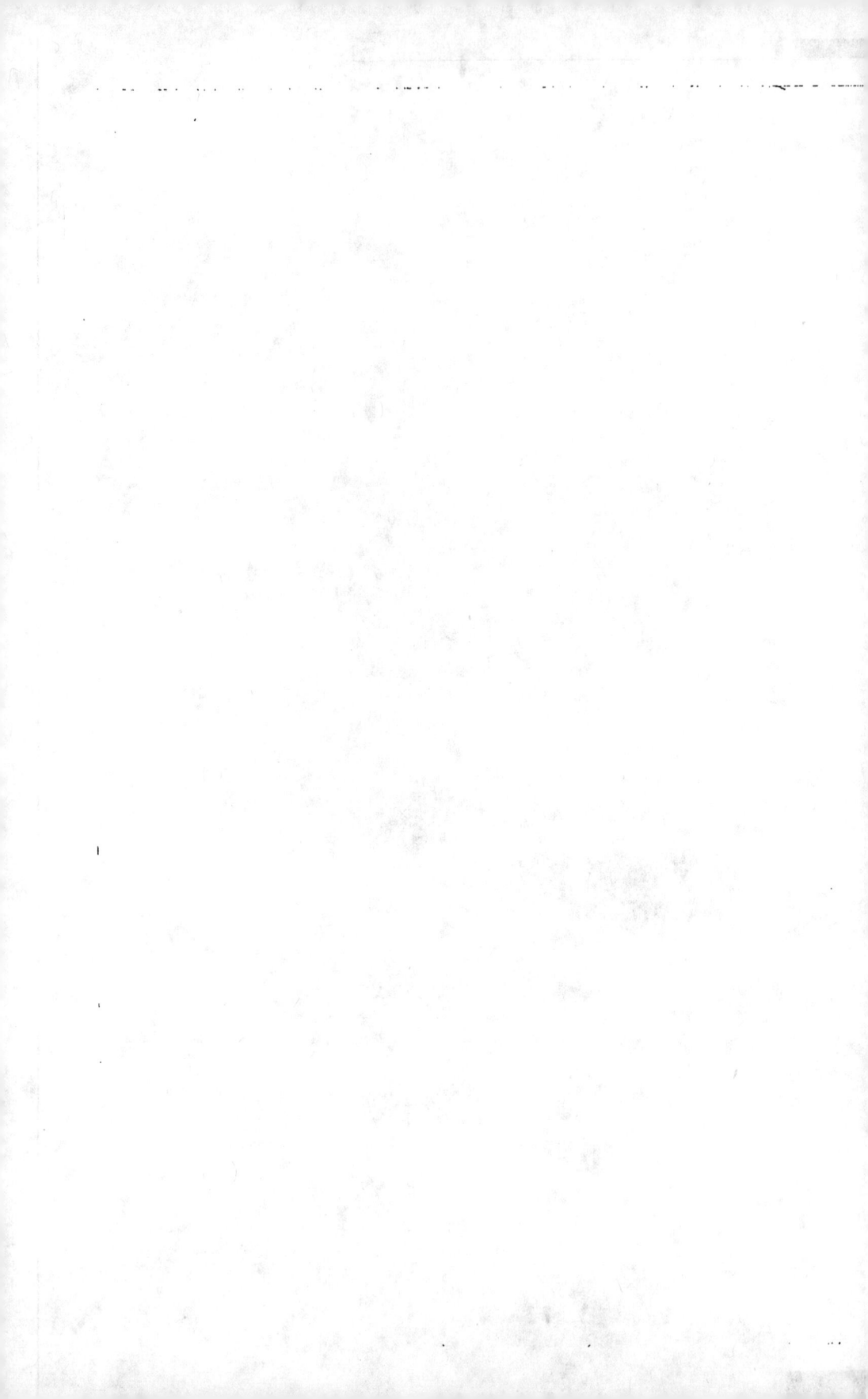

DOCUMENTS RELATIFS A L'ÉTABLISSEMENT

DE

L'ACADÉMIE DE SCULPTURE

ET DE PEINTURE

DE TOULOUSE

PAR

M. H. OMONT

(Extrait des *Annales du Midi*, tome IV, année 1892.)

TOULOUSE

IMPRIMERIE ET LIBRAIRIE ÉDOUARD PRIVAT

45, RUE DES TOURNEURS, 45

—

1892

DOCUMENTS RELATIFS A L'ÉTABLISSEMENT

DE

L'ACADÉMIE DE SCULPTURE

ET DE PEINTURE

DE TOULOUSE

PAR

M. H. OMONT

(Extrait des *Annales du Midi*, tome IV, année 1892.)

TOULOUSE

IMPRIMERIE ET LIBRAIRIE ÉDOUARD PRIVAT

45, RUE DES TOURNEURS, 45

—

1892

DOCUMENTS RELATIFS A L'ÉTABLISSEMENT

DE

L'ACADÉMIE DE SCULPTURE & DE PEINTURE

DE TOULOUSE

———

L'histoire de la fondation et des développements de l'an-
cienne École des Beaux-Arts de Toulouse a été traitée en ses
moindres détails par M. Ch. Forestier dans un article spécial
du volume publié par la ville de Toulouse à l'occasion de la
seizième session de l'Association française pour l'avancement
des sciences[1].

En 1680, un amateur, Dupuy-Dugrès, établit une école pri-
vée de dessin et de peinture, fermée à sa mort en 1720. En
1726, ses élèves s'adressent au peintre de l'hôtel-de-ville,
Antoine Rivals, qui obtient des capitouls, en faveur de son
École, une allocation de 400 livres. Antoine Rivals mort,
en 1735, Cammas lui succède et s'adjoint Lucas comme professeur de sculpture; en même temps il obtient la perpétuité de
cette allocation de 400 livres, à laquelle vient s'ajouter, en
1744, une nouvelle somme annuelle de 500 livres, destinée à
la fondation de prix. En 1745, sous son impulsion, se forme
enfin une Société des Beaux-Arts, chargée de juger les con-
cours, composée de capitouls, d'associés honoraires et d'associés artistes, qui n'étaient autres que les professeurs de
l'École. L'École et la Société étaient logées dans une petite

———

1. *Toulouse*, histoire, etc. Toulouse, 1887, in-8°, pp. 669-706.

salle dépendant de l'atelier de Cammas; mais l'une et l'autre allaient être menacées de suppression, quand un associé honoraire, M. de Mondran, les sauva et entreprit de faire obtenir à la Société des Beaux-Arts des lettres-patentes du roi.

Une correspondance suivie s'établit pendant cinq années à cet effet, de 1746 à 1750, entre M. de Mondran d'une part, le comte de Caylus, le comte de Caraman, tous deux associés honoraires de la Société, le ministre comte de Saint-Florentin, et l'académicien de Boze, garde du Cabinet des médailles du roi, que le ministre avait consulté, ainsi que le sculpteur Coypel, au sujet de l'établissement de la nouvelle Académie, dont les lettres patentes devaient enfin être signées par le roi, le 25 décembre 1750.

Dans sa *Notice sur l'École des Beaux-Arts*, M. Ch. Forestier a publié une série de lettres de l'année 1750, qui éclairent ces négociations d'un jour tout nouveau; les documents qu'on lira plus loin et qui se trouvent aujourd'hui conservés à la Bibliothèque nationale, parmi différents papiers provenant de l'académicien de Boze[1], viennent s'y ajouter. C'est d'abord un mémoire, adressé au ministre, sur l'origine, la composition et le but que se propose d'atteindre la Société des Beaux-Arts; ce mémoire est accompagné de la liste nominative des membres de la Société; puis un examen comparatif des privilèges de l'Académie de peinture et de sculpture de Paris et de ceux qui pourraient être accordés à l'Académie de Toulouse; enfin, quelques lettres du ministre Saint-Florentin et de M. de Mondran, datées de 1746 et 1750, adressées à de Boze, auquel avait été confié, de concert avec Coypel, le soin d'examiner les statuts qui devaient être donnés à la nouvelle Académie, en même temps que le roi lui accorderait des lettres patentes.

H. OMONT.

1. Bibl. nat., ms. français nouv. acq. 3543, fol. 136-154.

I

MÉMOIRE.

La Société des Beaux-Arts, établie à Toulouse par le Conseil de ville en 1745, supplie Monseigneur le comte de Saint-Florentin de luy accorder sa protection pour avoir des Lettres-patentes.

On ne démontrera point l'utilité d'un pareil établissement; l'intérêt public éclaire sans cesse les grands ministres. Il suffira de dire que, si les Toulousains ont mérité des faveurs pareilles pour les sciences et pour les belles-lettres [1], ils osent espérer que leur ancien amour pour les beaux-arts n'est pas moins digne de la protection et des grâces de Sa Majesté.

Toulouse, la patrie des Cujas, des Mainard, des Dolive, des Cambolas, des Tourreil, des Laloubère, des Fermat, des Maignan, des Rabaudy, des Maran, des Boutaric, etc., est également celle des Bachelier, des Chalette, des François Dupuy, des Pader, des Lafage, des Fredeau, des André, des Arcis, des de Troy, des Michel, des Tournier, des Gervais, des Rivalz et de tant d'autres, dont le mérite est aussy connu par leurs ouvrages que par les élèves qu'ils ont formés.

Cette Société est actuellement composée de MM. du Conseil de ville, de quelques amateurs de distinction, de plusieurs peintres, sculpteurs et graveurs; ces derniers montrent gratuitement le dessin tour à tour aux élèves qui se présentent dans l'École.

L'École est composée au moins de cinquante élèves, et elle le seroit de plus de cent si le local étoit assez grand.

Le Conseil de ville, sous le bon plaisir de M. Le Nain, intendant de Langnedoc, a établi un revenu fixe à cette Société de 940 livres sur les biens patrimoniaux de la ville de Toulouse, dont 500 livres sont employées aux prix, 400 pour l'entretien du modelle et de la lampe de l'École, et 40 pour les gages d'un écrivain qui tient les registres en ordre.

Il n'est pas douteux que cette Société étant décorée de Lettres-patentes recevroit des Capitouls et du Conseil de ville des libéralitez dignes d'une pareille faveur.

1. L'Académie des Sciences, Inscriptions et Belles-Lettres de Toulouse, fondée en 1640, constituée en Société des Sciences en 1729, avait été autorisée par lettres-patentes du 24 juin 1746, sous le nom d'*Académie royale des Sciences*, ensuite *des Belles-Lettres*.

Elles pourroient consister :

1° Un logement convenable qui ne coûteroit rien, parce qu'il y en a dans l'Hôtel-de-ville d'assez grands sans qu'on fût obligé d'en construire ;

2° Un honoraire d'un jetton d'argent par séance pour le professeur qui tiendroit l'École ;

3° Des appointemens convenables pour quatre principaux professeurs de peinture, d'anatomie, de sculpture et d'architecture ;

4° Un revenu pour le bois, bougie, papier, impression et autres frais nécessaires à la Société.

On prend la liberté de mettre sous les yeux de Monseigneur le comte de Saint-Florentin les statuts imprimez de cette Société[1] ; il seroit aisé de les étendre ou de les corriger conformément à ses idées ou à ses volontés, affin qu'elle peût prendre le nom d'*Académie de sculpture et de peinture*, après lequel elle soupire. Elle l'obtiendra infailliblement si Monseigneur le comte de Saint-Florentin vouloit l'honorer de sa protection ; il n'y a point de moyen plus assuré pour ranimer les talens des professeurs, le zèle des académiciens et l'inclination naissante des élèves.

En réformant les statuts de la Société, on souhaiteroit d'incorporer la classe des associez honoraires dans celle des ordinaires, afin de laisser la classe des honoraires pour le gouverneur et commandant de Languedoc, archevêque et premier président de Toulouse, et autres seigneurs, qui par leur crédit protégeroient l'Académie,

De réduire les académiciens de l'Hôtel-de-ville aux seuls huit Capitouls et Sindic.

Et pour tout ce qui concerne l'ordre et le gouvernement, on voudroit se conformer en tout aux statuts de l'Académie de peinture et de sculpture de Paris[2].

II.

LISTE DE MESSIEURS DE LA SOCIÉTÉ DES BEAUX-ARTS DE TOULOUSE.

ACADÉMICIENS-NÉS.

M. le Maire,

M. le Lieutenant de Maire,

---

1. Le texte de ces Statuts imprimés n'est plus joint au dossier dans le manuscrit.

2. Ms. français nouv. acq. 8543, fol. 139-141.

MM. les huit Capitouls,
MM. les huit anciens Capitouls,
M. le Sindic de la ville.   19.

ASSOCIÉS HONORAIRES NON RÉSIDENTS.

M. le comte de Caylus,
M. le comte de Caraman.   2.

RÉSIDENTS.

M. l'abbé de Sapte,
M. de Lagorrce,
M. de Mondran,
M. de Gailhac-Puy-Saint-Pierre,
M. Boisset de Glassac, *secrétaire perpétuel,*
M. le comte d'Espie,
M. Marcassus de Puymorin, *trésorier de la Société,*
M. Martin de Saint-Amand,
M. Garipuy,
M. de Marle,
M. Labat de Savignac,
M. le marquis d'Aussonne,
M. le marquis de Clermont,
M. le marquis de Montjay,
M. le marquis de Monteil,
M. de Villeneuve,
M. Lafage de Saint-Amadou,
M. Boyer de Respide,
M. l'abbé de Catelan, grand chantre de l'église métropolitaine.   19.

ASSOCIÉS ARTISTES.

Peintres.

M. Despax, professeur de peinture,
M. Rivalz,
M. Labarthe,
M. Pins,
M. Blanchard,
M. Laberie,
M. Laquette.   7.

Sculpteurs.

M. Lucas, professeur de sculpture,
M. Rossard,
M. Arcis, cadet,
M. Capela,
M. Gaye,
M. Rostan,
M. Berthé.   7.

Architectes.

M. Cammas, peintre et professeur d'architecture,
M. Maduron,
M. Gleises.   3.

M. Dufoure, professeur de *géométrie* et de *perspective.*
M. Taillard, professeur d'*anatomie.*   2.

Graveurs.

M. Simonin aîné,
M. Samson, cadet, ciseleur,
M. Grangeron,
M. Brondes, le père.   4.

Un écrivain.   1.
                                                           ―――――――
                                                              64 [1].

III.

Examen de la qualité et de la nature des privilèges de l'Académie, relativement à l'idée formée de les faire déclarer communs avec l'Académie de Toulouse.

L'Académie de Toulouse aïant ses salles en l'Hôtel de ville, cet article paroît ne pouvoir l'intéresser en rien.

1. Logement chez le Roi. Cette prérogative fut accordée à l'Académie par Lettres-patentes du mois de janvier 1655. La Compagnie

1. Ms. français nouv. acq. 3543, fol. 137-138.

n'en jouit pas d'abord, mais elle n'a cessé d'en jouir depuis plus de 80 ans.

Il n'est point à présumer que l'Académie de Toulouse voudra se présenter comme susceptible d'un pareil traitement, lorsqu'elle aura appris qu'il n'a été accordé à l'Académie qu'après quinze années de succès, et d'un succès très éclatant ; et à un corps d'artistes de la plus grande célébrité, sans cesse occupé aux ouvrages du Roi, et à enrichir la capitale des fruits d'une école également florissante et nombreuse.

Cette exemtion est accordée par le dernier des titres indiqués ci à côté à 40 officiers des plus anciens membres de l'Académie. Elle ne l'avoit point demandée, mais le Roi crut devoir l'accorder aux principaux membres de l'Académie, comme étant réputés être trop occupés au service immédiat de S. M. pour pouvoir en être distraits par les soins attachés à ces deux objets. Ce sera à l'Académie de Toulouse à voir les raisons qu'elle pourra alléguer pour impétrer la même faveur, si elle la croit avantageuse à ceux de son corps.

Il s'agit de savoir si l'Académie de Toulouse voudra tenter cette demande ; l'Académie ne peut manquer de souhaiter de l'y voir réussir.

2. Don et dotation faite par le Roi pour l'entretien de l'Académie et de ses exercices.

Ce don, fixé à 1000 livres par an par Lettres-patentes du mois de janvier 1655, fut porté à 4,000 livres par Lettres-patentes du mois de décembre 1663. La répartition en fut faite par le Roi, et subsiste encore aujourd'hui sur le même pied.

3. Exemtion de toutes tutelles et curatelles, et de tout guet et garde en faveur d'un nombre limité d'académiciens (Lettres-patentes des mois de janvier 1655 et décembre 1663). La première partie de cette exemtion, restreinte par l'arrêt du Parlement donné pour l'enregistrement de ces dernières Lettres, *pour n'avoir lieu dans la ville et fauxbourgs de Paris pour les tutelles qui pourront être déférées à ceux de lad. Académie, sinon en cas de droit.*

4. Droit de *Committimus* de toutes les causes personnelles possessoires et hypothécaires, tant en demandant qu'en défendant, aux Requêtes de l'Hôtel ou du Palais, pour 40 officiers ou membres de

l'Académie désignés, tout ainsi qu'en joüissent ceux de l'Académie françoise et les officiers commensaux de la Maison du Roi.

Nota. — La jouissance de ce droit se trouve suspendue à l'égard de l'Académie depuis nombre d'années. MM^{rs} les Chanceliers l'ont successivement jugé trop étendu ; diverses circonstances ont empeché de terminer cette affaire. (Lettres-patentes des mois de juin 1655 et décembre 1663, déjà citées.)

L'Académie de Toulouse étant admise à cette faculté par ses Lettres-patentes, cet article demeure pour elle sans objet.

5. Faculté, exclusivement attribuée à l'Académie, d'établir des exercices publics desdits arts de peinture et de sculpture et de tenir école avec modelle, à peine de 2,000 livres envers les contrevenants. (Lettres-patentes des mois de janvier 1655 et décembre 1663.)

S'il y a à Toulouse un corps de maîtrise réglé de peintres et sculpteurs, et que les artistes admis dans la nouvelle Académie sont comme tels séparés de ce corps et dégagés de tous les assujettissemens, ainsi que des charges dont il est tenu envers le Roi, la nouvelle Académie pourroit, si elle le juge à propos, tenter à obtenir la distinction qui fait l'objet de cet article, lequel court risque cependant de souffrir de grandes difficultés, si l'Académie absorboit la presque totalité de ce qui professe à Toulouse la peinture et la sculpture, et sans

6. Exception en faveur desdits arts (ou de l'Académie) de toutes lettres de maîtrise pour raison d'avènement à la couronne, sacre ou mariage de nos rois, et naissance de leurs enfans. (Brevet du 28 décembre 1654 et Lettres-patentes du mois de janvier 1655.)

égard au degré du talent. C'est d'ailleurs une affaire de finances.

Cette prérogative est trop précieuse à l'Académie pour qu'elle ne doive faire tous ses efforts pour tâcher de la conserver et de perpétuer les succès qui la lui ont attirée dans le tems. Le Parlement l'y a maintenue avec éclat, toutes les fois qu'on a entrepris de se l'arroger.

Elle semble d'ailleurs ne pouvoir être appliquée qu'à cette première compagnie d'arts du roïaume, affectée de tous tems au service immédiat de S. M.

7. Attribution aux seuls peintres et sculpteurs de l'Académie de prendre la qualité de peintres et de sculpteurs du Roi. Défenses à tous autres qui ne seront du corps de ladite Académie roïale de Paris de prendre cette qualité nonobstant tous brevets ou autres titres. (Lettres patentes du mois de décembre 1663.)

Ce privilège ne peut intéresser l'Académie de Toulouse qu'autant que les peintres et les sculpteurs qu'elle compte parmi ses membres fassent un corps indépendant et séparé d'avec la communauté des peintres et sculpteurs de cette même ville, et qu'autant que les jurés de la communauté ne voulussent point tenir compte à l'élève d'un académicien qui se trouveroit un sujet trop médiocre pour être reçu de

8. Privilège en faveur des élèves des officiers et autres membres de l'Académie, lesquels après être demeurés plusieurs années auprès d'eux ne pourront parvenir à être admis de l'Académie, d'être reçus à la maîtrise dans toutes les villes du roïaume, où leur devra tenir lieu d'obligé le certificat de celui chez qui ils auront demeuré, approuvé du chancelier de l'Académie et contresigné du secrétaire.

l'Académie, du tems qu'il auroit été sous cet académicien et voulût l'assujettir à un nouvel apprentissage, aux termes de leurs statuts. Le plus court seroit que le magistrat de Toulouse, fondateur de l'Académie, trouvât moyen d'arranger cette petite dificulté. L'école de Toulouse n'a pas encore assés pris de consistance, par ses succès et par le nombre et la force des sujets qu'elle a formés, pour demander ce privilège de la même étendue qu'il a été octroyé à l'Académie de Paris, c'est-à-dire pour tout le royaume. L'école de Paris étoit, dès 1663, sur un pied à n'avoir aucuns sujets du second ordre qui ne se trouvassent l'élite des maîtrises, où ils prenoient parti, et elle s'est toujours soutenüe de même. Ce point a cependant souffcrt les plus grandes oppositions de la part des maîtrises, et n'a été réglé qu'après des discutions infinies. L'Académie de Toulouse doit compter sur une beaucoup plus grande opposition que n'en a trouvé l'Académie de la capitale, accréditée, comme elle l'étoit, par une suite de succès aussi éclatans que généralement reconnus.

Ce privilège est encore relatif à la circonstance mentionnée ci dessus. La communauté des peintres de Toulouse, si elle fait corps à part avec l'Académie, résistera de toutes ses forces à recevoir ces deux privilégiés, qui seroient exemts de porter avec elle les charges dont elle est tenüe, à moins que le corps municipal de Toulouse ne trouvât encore le moyen d'arranger cette affaire avec les chefs de la communauté; elle ne paroît pas assés importante à l'Académie pour qu'elle s'en fasse une auprès du Conseil.

Il ne paroît pas que les sculpteurs de l'Académie se prévallent de ces défenses, ni fassent usage de cet arrêt depuis longtems, qui d'ailleurs ne semble pas pouvoir être fort applicable à ce qui peut passer sur ce qui en fait l'objet à Toulouse.

L'Académie a toujours regardé comme un de ses plus beaux titres celui qui l'érige ainsi en espèce de métropole avec pouvoir de se faire des colonies. Elle a usé de ce pouvoir avec beaucoup de sagesse et de dignité toutes les fois que l'occasion s'est présentée d'en faire usage.

9. Privilège en faveur des deux huissiers de l'Académie, au cas qu'il se rencontrât que tous deux professassent les arts de peinture ou de sculpture, ou l'un d'eux, d'y travailler publiquement sous l'autorité de l'Académie. (Statuts de 1663, art. XX; confirmés par lesdites Lettres-patentes du mois de décembre de ladite année.)

Ce privilège, limité par l'arrêt d'enregistrement desdites Lettres au tems que ces huissiers seront au service de l'Académie.

10. Défenses à tous sculpteurs, mouleurs et autres de mouler, exposer en vente, ni donner au public aucuns ouvrages des sculpteurs de l'Académie roïale, ni copies d'iceux, qui se trouveront marqués de la marque de ladite Académie, sans avoir la permission de leur auteur. (Arrêt du Conseil du 21 juin 1676.)

11. Établissement d'écoles académiques de peinture et sculpture, permis et autorisé dans toutes les villes du royaume où il sera jugé nécessaire, pour être gouvernées et conduites par les officiers que l'Académie voudra commettre, se conformer à la discipline et suivre les préceptes et manières d'enseigner de la

Quand la ville de Lyon réclama le secours d'une école académique (en 1676), l'Académie prit une connoissance exacte de l'état des arts, du nombre et du mérite des artistes même Académie, s'en rapporter à ses décisions sur leurs diférens et lui faire connoître leurs progrès. (Lettres-patentes du mois de mars 1676 et Règlement y annexé.) de cette ville, et, sur un examen en forme, admit deux de ses citoyens, savoir M. Coyzevox et M. Blanchet, à la qualité d'académiciens ; même elle revêtit le premier de celle de professeur, pour aller former cet établissement au nom de l'Académie.

En 1677, la ville de Reims aïant formé la même demande, l'Académie se conduisit de la même façon. On lui envoya, à sa réquisition, des ouvrages des meilleurs artistes de Reims. Ceux de Jean Hellart et d'Isaac de La Croix, l'un peintre, l'autre sculpteur, furent jugés assés méritans pour faire recevoir ces deux artistes de l'Académie. On les chargea ensuite de l'espèce de mission de cette compagnie pour faire de même l'établissement chez eux.

La même chose a été pratiquée à l'égard de l'École de Bordeaux, et l'un des membres de cette École s'étant avisé de prendre la qualité d'académicien, l'Académie lui manda qu'il eût à s'en départir, et pria M. l'archevêque de Bordeaux et le corps de la ville, qui s'étoient déclarés protecteurs de cet établissement, de vouloir bien interposer leur autorité pour ranger ce particulier, et elle reçut à ce sujet la satisfaction la plus complette et la plus honorable.

Il a plu au Roi d'accorder à la Société des Arts de Toulouse la qualité d'Académie roïale. Sans doute que Sa Majesté a été informée par quelqu'autre voie que par celle de son Académie de Paris d'un degré d'éminence et de supériorité dans les artistes de Toulouse, capable de leur mériter cette distinction sur les sociétés de peinture et de sculpture formées dans les autres villes du royaume. L'on doit s'attendre que celles-ci ne tarderont pas à rechercher cette même distinction. Quant à l'Académie de Toulouse, il est dificile de présumer qu'elle puisse rien prétendre au delà de ce qu'elle a obtenu.

Ceci paroît encore être une prérogative de supériorité fondée sur l'excellence des graveurs que l'Académie adopte, en petit nombre, et choisit, parmi cette quantité, d'habiles artistes en ce genre que Paris se voit depuis si longtemps. Si 12. Exemption en faveur des graveurs de l'Académie de toute visite de la part des jurés de la communauté des imprimeurs en taille-douce, et faculté de faire imprimer, ou faire imprimer par qui bon leur semblera, tant les ouvrages de leurs l'Académie de Toulouse a quelque graveur de cette grande distinction, ses fondateurs pourront arranger ce point de police particulière, au cas toutesfois qu'il y ait à Toulouse une jurande d'imprimeurs en taille-douce.

L'Académie françoise, celles des belles-lettres et des sciences jouissent de privilèges semblables, qu'il ne paroît pas qu'elles ayent communiqués aux Académies de province qui se sont formées sous leurs auspices. L'Académie de peinture est dans le même cas à cet égard. Les Académies de province qui désirent ces sortes de privilèges se pourvoient devers le Roi ou Monsieur le Chancelier.

mains qu'autres. (Arrêt du Conseil du 17 avril 1703.)

13. Privilège général accordé à l'Académie pour l'impression de tous mémoires, traités, etc., et de toutes planches gravées düement examinés et approuvés par l'Académie. (Arrêt du Conseil du 28 juin 1714.)

Résultat de cet examen.

De ces treize prérogatives ou exemptions, il paroît qu'il y en a à peine deux ou trois qui puissent décemment être répétées par une Académie de peinture nouvellement établie et subordonnément à l'Académie royale de peinture de Paris, et que toutes les autres sont de nature à qualifier spécialement cette Académie-mère et lui assigner cette prééminence dont le Roi l'a jugée digne, relativement à sa célébrité et aux grands sujets qu'elle a formés aux Beaux-Arts et à l'État, et dont depuis un siècle révolu elle ne cesse de l'enrichir ; objets sur lesquels il paroîtroit dificile qu'aucune autre Société d'arts put entrer en concurrence avec elle [1].

IV.

MONSIEUR,

Monseigneur le Chancelier n'ayant point été content des projets de Lettres-patentes et de Statuts de l'Académie des sciences de la ville de

1. Ms. français nouv. acq. 3543, fol. 142-145.

Toulouse, dont le Roy a approuvé l'établissement, il vous a renvoié le tout pour avoir votre avis. Vos observations m'ont été envoiées par M. Langlois. Je les ay luës avec attention, et je me suis applaudi d'avoir pensé comme vous, Monsieur, sur le style et la forme des lettres. Il m'ordonne, de la part de Mgr le Chancelier, de me concerter avec vous pour la rédaction des Lettres-patentes et des Statuts, et j'ay en conséquence passé chez vous pour avoir l'honneur de vous voir et de travailler avec vous sur cette matière. Comme je n'ay point eu le bonheur de vous rencontrer et que je ne sçais quand je pourrai aller à Paris, j'ay cru devoir vous envoier le nouveau projet des Lettres [1] que j'ay fait pour cette Académie. Je n'ay point corrigé les autres parce qu'elles n'en sont point susceptibles et qu'il étoit plus court de les refaire depuis le commencement jusqu'à la fin. Je n'ay même changé les dispositions par rapport aux honoraires, parce que Mgr le Chancelier a jugé, avec Mgr le comte de Saint-Florentin, qu'il falloit prendre ce parti. Du reste, je me suis conformé aux Lettres-patentes, que j'ay dressées pour les Académies de Montauban et de Rouen, et que Mgr le Chancelier avoit approuvées.

A l'égard des Statuts, la peine que je me donnerois pour en refondre tous les articles pourroit ne me pas réussir ; quelque sages et judicieuses que soient vos observations, elles ne me paroissent pas suffire pour la perfection de cet ouvrage, qui dépend du local en grande partie. Aussy, lorsque vous aurés approuvé mon projet ou que vous aurés fait les changemens que vous aurés jugés nécessaires, je proposerai à Mgr le comte de Saint-Florentin de l'envoier à M. l'Intendant et de le charger de faire faire, conformément à vos observations, un autre règlement ; vous ne serés point nommé si vous ne voulés pas l'être.

J'ay l'honneur d'être avec le plus respectueux attachement, Monsieur, votre très humble et très obéissant serviteur,

LE BOULANGER, premier commis de Mgr le comte
de Saint-Florentin.

A Versailles, le 11 mars 1746.

M. de Boze.

P. S. — Vous retrouverez, Monsieur, sous cette envelope, le projet des Lettres-patentes que vous m'avez fait la grâce de me communiquer, et qui me paroît présentement très convenable. Je n'aurois jamais pris la

---

1. Ce projet n'est pas joint au dossier dans le manuscrit.

liberté de faire les observations que vous avez vues sur celui qu'on avoit envoyé à M. le Chancelier, s'il ne m'en avoit prié, car je n'ai nul titre pour cela. Je suis cependant bien aise que vous ne me les ayiez pas jugées indignes de quelque attention, et je ne le serais pas moins, si vous voulez bien rendre la même justice à tous les sentimens d'estime et de respect avec lesquels j'ai l'honneur d'être, etc. [1]

V.

A Paris, le 21 may 1746.

J'ay envoyé, Monsieur, le 14 février dernier, à M. Le Nain, un projet de Lettres-patentes que j'avois fait dresser pour l'établissement d'une nouvelle Accadémie de Toulouse ; vos observations sur les Statuts, quoyque très justes et fort étendues, ne m'aiant pas suffi pour les réformer, parce qu'il y avoit plusieurs articles qui dépendoient du local, j'ay prié M. Le Nain de communiquer vos remarques à deux ou trois des nouveaux académiciens dont les talens luy seroient connus, et qui, en se conformant auxdites observations, pouroient coriger le style de ces Statuts et leur donner une forme plus convenable. M. Le Nain ayant rempli cet objet, il m'a renvoyé de nouveaux Statuts, que je joins icy [2], pour que vous vouliés bien les examiner et voir s'il n'y a rien à y augmenter ou retrancher, et y faire les changements que vous jugerés nécessaires. Je suis fâché de vous donner cette peine ; mais, comme vous connoissés parfaitement cette matière, j'ay crû que vous trouveriés bon que je m'adressasse à vous pour finir cette affaire, qui vous a déjà été communiquée par M. le Chancellier, etc.

SAINT-FLORENTIN.

M. de Boze.

En marge : « Répondu le 24 dudit [3]. »

VI.

A Versailles, le 31 juillet 1750.

Une Société de Beaux-Arts, Monsieur, établie par le corps de ville de Toulouse, m'ayant envoyé les pièces cy-jointes pour que je luy obtienne des Lettres-patentes, j'en ay conféré avec M. le Chancelier, qui approuve

1. Ms. français nouv. acq. 3543, fol. 148-149.
2. Ces Statuts manquent au dossier dans le manuscrit.
3. Ms. français nouv. acq. 3543, fol. 136.

en général l'idée d'accorder à cette Société des Letres qui en fassent une
Académie; mais nous avons pensé qu'avant de rédiger leurs Statuts et les
Lettres-patentes, il étoit à propos de vous consulter ainsy que M. Coypel
sur la forme des Statuts que l'on donneroit à celle de Toulouse. Je vous
prie donc de vouloir bien vous concerter là-dessus avec M. Coypel et de
me faire part de ce que vous aurés arrangé ensemble sur cet objet.

Je suis, etc.

SAINT-FLORENTIN.

A M. de Boze [1].

VII.

A Versailles, le 18ᵉ aoust 1750.

Je vous envoye, Monsieur, avec une lettre que m'écrit la Société des
Beaux-Arts établie à Toulouze, le mémoire et le projet de règlement y
joints, que je vous prie de vouloir bien examiner avec M. Coypel. J'ay
marqué aux membres de cette Société qu'ils pouvoient s'adresser à vous,
attendu que M. le Chancelier et moy nous vous avions chargé ainsy que
M. Coypel de prendre tous les éclaircissements nécessaires pour former
des Lettres et des Statuts convenables.

Je suis véritablement, etc.

SAINT-FLORENTIN.

M. de Boze, de l'Académie françoise, à Paris [2].

VIII.

MONSIEUR,

M. le comte de Saint-Florentin a eu la bonté de nous marquer que
de concert avec M. le Chancelier, il vous a prié d'examiner le Mémoire et
les Statuts que nous avons adressés pour obtenir du Roi des Lettres-
patentes en faveur de notre Société.

L'objet de notre demande est de faire fleurir dans cette province, par
un établissement honorable et solide, les arts, qui y ont été négligés pendant longtemps faute d'encouragements et de secours, et que l'éloignement
où elle est de Paris met hors de portée de profiter de ceux que cette ville
célèbre leur départ si abondament.

---

1. Ms. français nouv. acq. 3543, fol. 147.
2. Ms. français nouv. acq. 3543, fol. 146.

Nous vous supplions, Monsieur, de vouloir bien être favorable à des vues aussi utiles. C'est déjà un préjugé bien favorable de leur succès, qu'il dépende d'un amateur des beaux-arts aussi distingué que vous l'êtes, Monsieur, par votre amour pour eux, et par la supériorité du goût et des lumières.

Nous sommes avec respect, Monsieur, vos très humbles et très obéissants serviteurs.

A Toulouse, le 19 août 1750.

MONDRAN, modérateur de la Société des Beaux-Arts
MARCASSUS DE PUYMAURIN, pour le Secrétaire.

M. de Boze [1].

1. Ms. français nouv. acq. 3543, fol. 150-151.